「女の子」は、努力しないほうがうまくいく。

仕事 work

お金 money

人間関係 human relations

松崎麻子 著

中野 博 監修

現代書林

はじめに

わがままな女の子ほど、哲学者になれる！

女性としての「本当の幸せとは？」と問われ、あなたなら何と答えますか？

少し前だったら「お嫁さんになること」が夢であり、それが女性として最高の幸せと感じる人が多かったかもしれません。でも、現代では〝女性の幸せのカタチ〟も多様化してきました。時代に吹く風は、明らかに変わり始めています。

最近の映画やドラマを観ても、その主人公の女性はどこか強いと思いませんか？

ディズニーの「シンデレラ」や「美女と野獣」などを観ていると「女の子って、こんなに強かったっけ？」と感じるくらい、女性主人公の芯の強さが際立っています。

日本でも、ＮＨＫの大河ドラマ「花燃ゆ」「八重の桜」「おんな城主・直虎」など、最近は女性を主人公にしたストーリーが多くなっています。これも、「女性は強く、美しく輝いている」という社会の投影なのかもしれません。

いずれにしても、ヒロインとして登場する女性は、みな独自の「哲学＝こだわり」を持ち、**「女性は強いのだから、輝けるのだから、もっと社会に出て活躍しましょう」**――そんなメッセージを発信しているように思います。

かつて、女性は「結婚、出産」することが人生のすべてのように言われていた時代がありました。そのあと出てきたのが、「仕事か、結婚か」の選択。さすがに、今はそんなの古すぎます！

女性は今、多様な生き方が可能になってきました。結婚こそが幸せにつながると考える女性がいれば、女性としての魅力を輝かせながら、キャリアウーマンとして社会に尽くすこと、影響を与えることが幸せだと思う女性も増えてきました。また、自分の趣味や好きなことをしていれば、ほかには何もいらない、それが一番のハッピーな時間だからと、そんなマイワールドに浸ることで幸せを見出《みいだ》す女性もいます。

これからは、女性としての社会的な美意識を高く持ち、恋愛でも、結婚でも、家庭でも、仕事でも、多くの女性が今までよりもっともっと美しく輝ける時代になるのです。そして、それを求める男性も増えてきています。

そうしたなかで、特に印象的で、私が注目しているのが**「美」から自分の幸せを見出している女性**です。

私は、これまで、ネイリストやモデル関連の仕事を15年ほどしてきました。そこで出会う女性たちは、「美」に関心を持ち、「美」を追求している人たちばかりです。

彼女らと接していると気づくのですが、「美」に関心の高い女性というのは、実は、ちょっと普通の人とは視点が違うのです。「美」に重点を置いている女性というのは、「自分を高めたい」という気持ちはもちろんですが、「周りからどう見られるか？」ということを、強く意識する傾向にあります。

これは、キレイな洋服を身にまとうとか、化粧をするとか、そういった次元の話ではありません。「内面」をどのように見せたらいいのか？　そのためには、「内面」をどう磨いたらいいのか？――と、常に意識しているのです。

「美の意識」は、輝く女性を創る最高のレシピです。「美を追求すると、哲学にな る！」――これは私の実感ですが、私が知っている多くの美の追求者たちも同意見です。実は、私が学んでいる信和義塾大學校にも「美と哲学」をめぐる講義があります。

本書では、そんな美と哲学の関係は深く書きませんが、そのエッセンスである「幸せいっぱいの思考法」を、あなたにお伝えします。**「美の意識」が、自分の姿だけではなく、心のあり方や人生にどんな影響を与えるのか**が、一つのテーマです。

おそらく、この本を手に取り、今読んでくださっているあなたも、「美の意識」が高い、素敵な女性の一人だと思います。

さあ、わがままに楽しく女性として羽ばたく私なりの考えをお伝えしましょう。女性としての輝きをさらに増していく「女の子」たちが、「美意識」を通じて、「女性としての新しい幸せのカタチ」をつかみ、毎日を活き活きと過ごせることを祈りつつ。

２０１７年11月吉日

松崎麻子

「女の子」は、努力しないほうがうまくいく。◆目次

PART 1
「美意識」の高い人たちが実践する、幸せになるコツ

PART 2

人生がより輝く「女性のルール」

PART 3

哲学女子があなたに伝えたい大切なこと

PART 4

私が人生のお手本にしている素敵な女性たち

PART
1

「美意識」の高い人たちが実践する、幸せになるコツ

Lesson

01

女性は欲張りでわがままなほうがいい

「女性は欲張りだ」

そう言われたこと、ありませんか？　確かに、女性は基本的に欲張りです。あれも欲しいしこれも欲しい。そう、それって結局〝わがまま〟なんですよね。普通に考えると、わがままな心は、あまり歓迎されないもの。小さい頃から「わがままばっかり言うんじゃないの！」って叱られた記憶のある人もいますよね。でも、本当のことを言えば、**女性は「わがまま」でいいのです。**むしろ、わがままでいてください！

例えば……

・いつまでも若々しく、キレイなままでいたい！
・素敵な彼と幸せな結婚をして、温かい家庭を築きたい！
・子供はしっかりと教育したいし、惜しみなく愛も与えたい！
・欲しいものが何でも買えるお金が、もっと欲しい！
・自分自身が輝ける、楽しい仕事をしたい！
・ハワイにも行きたいし、イタリアにも、モルディブにだって行きたーい！

などなど……女性のわがままというものは、このように尽きないものです。

でも実は、常にキラキラ輝いている女性こそ、こんなわがままな感情をきちんと表現しています。活き活きと過ごす女性ほど、私にわがままな欲望を語ってくるのです。

たくさんのわがままがあるということは、裏を返せば、女性として常に、「目標や理想」を持っているということ。それに向かって毎日歩んでいるからこそ、女性は輝けるのだと思います。

Lesson

02

人と比べてしまいそうなら目を閉じてみる

流行のインスタグラムやツイッターなどのSNS、メディアで盛んに流される芸能ニュースなどなど。現代は知りたい情報をすぐに知ることができる反面、過剰な情報に疲れてしまうということもあります。

「ブログを読んでいるけど、自分の生活と違いすぎてなんだか惨めな気持ちになる」「人のインスタの写真を見て、妬《ねた》ましく思ってしまう自分に自己嫌悪」といった話もよく聞きます。

好きな人、憧れる人のライフスタイルやファッション、メイクなどをチェックして夢を膨らませている人も多いのでしょうが、**もし今の自分自身と比べてしまってブルーな気分になるならば、見ないほうがいい**のです。

人と比べてしまうと、自信喪失につながったり自分のチャームポイントを見失ってしまったりすることも。それはとても残念なことです。

あなたにしかない良さが必ずあります。

あなたは、あなたの幸せを大事に。

「幸せ」の基準は、自分自身の中にあるのですから。

Lesson

03

コンプレックスは魅力に変えられる

「頭、そんなに良くないしね」

「もう少し、身長が高かったら」

「私って、人見知りだからなぁ」

コンプレックスがまったくないという人は、おそらくほとんどいないのでは？――と思います。

数え出したらきりがないくらい出てきて、そもそも自分のことが好きになれないという人もいますよね。

でも、例えばあなたが**コンプレックスや劣等感だと思っているところが、他の人から見れば魅力に映る**ことだってあるのです！

「学生時代から勉強は嫌いだったし、成績も良くなくて。そのせいかちょっと引っ込み思案なところもあって……。でも、そんなところを今の旦那は『可愛いし、あんまりでしゃばらないなところも魅力だよ』って言って、褒《ほ》めてくれるんです。そんなこと言われたのは初めてだったので、こういう人とずっといたいなと思って結婚したんです」

こんな素敵な話を聞いたことがあります。

人って、相手にできないことや足りないところがあるからこそ、支えになりたい、力を貸したいと思うのでしょうね。

だって、完璧な人なんてつまらないし、第一そんな人、世界中のどこを探してもいませんよね。

ですから、できないことを数えるのは、もうやめにしましょう。

恥ずかしいと思っても、時には思いきって「苦手なの」と、ダメな自分をさらけだしてみることも大切です。

そうすることで、必ず新しい何かが見えてきます。

そうやって自分のコンプレックスを抱きしめてあげられる人は、だんだん自分自身を好きになって、輝いていきます。

Lesson

04

即座に心が楽になる魔法の思考法を試してみる

「なんか、同僚の人がよそよそしくて陰口を言われている気がする。最近、ぜんぜん誘ってくれないし」
「彼、浮気しているかも。連絡あんまりくれないし、冷たい」
「風邪ひいたり、大切なものなくしたり、仕事でミスしたり。あたしって、不幸続きだわ」

こういった悩み相談をしてくるお客さんも、少なくないんです。

でも、実は……考え方ひとつで、**そんなもやもやした心境は変えられます！**

それには、次のような思考の転換さえすれば大丈夫。

例えば、先ほどの悩みの種を次のように考えてみましょう。

「同僚の人はたまたま仕事が立て込んでいて、気持ちの余裕がないのね。もしかしたら私へのサプライズを考えていて、陰で準備を進めてくれているのかも」
「彼は新たなプロジェクトが始まったのかな。前からやりたいって言ってたし……。仕事上のおつき合いが増えたりして、大変なのかもしれない」
「風邪は季節の変わり目で誰でもかかるし、大切なものをなくしたのは何かのメッセージだな。ミスが続くのは無理していて心や体が疲れてるせいかな」

このように考えれば、どうでしょうか？　どこか心が安らぎませんか？

都合のいい解釈だと思うかもしれませんが、それでいいんです。

この意識の転換こそが、心と体に負担をかけない方法なのです。

物事と向き合うのはいつも自分です。

実際に何が原因であるかもわからずに、勝手に自分をおとしめて、良くない想像をめぐらす。それって決していいこととは言えません。

どんな時にも、自分の都合のいいように考えることができれば、気持ちははるかに楽になりますよね。

それでいいんです。

気の持ちようで、明るく楽しくなるのですから。

これって誰にでもできる、**心を癒す、おまじないのような、魔法の思考法**なのです。

Lesson

05

自分をきちんと
人生の主人公に
抜擢《ばってき》する

輝く女性の共通点。それは、自分をきちんと人生の主人公にしているということです。脇役じゃないですよ！

例えば、親しい友人と久しぶりに再会したとします。

友人は仕事で評価されて、今度新しい大きなプロジェクトを任されるみたいで、とても活き活きとしている！　そういえば、学生の頃よりずいぶん痩せてキレイになったし〝できる女〟オーラ満載！

×　私は仕事にやりがいも感じなくなってきているし、なんだか毎日がつまらない。彼女はもともと頭もいいしな〜。

○　順調にいっている彼女を見ていると、なんだか私にも運が向いてくるような気がしてきた。やりたい仕事を任されたり、ラッキーな出来事が起こったりするに違いない！　彼女の幸せオーラにあやかってしまおう。楽しみだな♪

人生が一つのストーリーであるとすれば、その中では、いつでもどんな時でも、**自**

HAPPY
私が人生の主人公！

分自身のあり方が大切になります。

これは、自己中心的に考えるのとは違います。

なぜなら、**自分自身が感じることは、自分の心からの何かしらのメッセージである**からです。それに気づいてあげることが、自分の望む人生を描くことにつながっていきます。

試練や困難にあった時も、

「今が辛いということは、この先きっと、素晴らしい幸運が訪れるに違いない」

根拠なんてなくてもいいから、そう考えるんです。

誰にとっても人生は楽しい時ばかりではありません。

そんな時、一時的に落ち込んだとしても、結果をプラスに変えることのできる人は、最終的には自分が輝けるような道を歩んでいます。

そういった女性のほとんどが、幸せになっているのです。

Lesson

06

自分なりの「YES」と「NO」の基準をしっかり持つ

「美意識」の高い女性は皆、自分の中に、物事を判断する際の基準を持っています。たとえ、周りや世間がいいと言っても、

「自分にとってどうか？」

ということを大事にして、「YES」「NO」をハッキリ言うことができます。

そして、それを人に伝えることも上手です。

これは、悩むというストレスから、自分を解放しているとも言えます。だからこそ、内面からも「美」を保っていけるのでしょう。

日本人は自己主張するのが苦手な人が多いので、あれこれ考えすぎて結果的に流されてしまうということもあると思います。

日常の中の小さな選択であっても、自分なりの「YES」「NO」の基準を持っていれば、ここぞという時に自信を持って、ハッキリと自分の意見が言えます。そうすることで、望む選択ができるようになるのです。

自分に自信のある人はやはり魅力的ですし、輝いています！

Lesson

07

「○○らしいね」にふりまわされないで

女性も自己表現ができるようになり、自由に生きられるようになってきました。そのため、より個性が際立つようになってきてもいます。

さて、では、あなたの「自分らしさ」ってなんでしょうか？

私は、「美意識」の高い人こそ自分らしさをわかっていて、それを活かしているように思います。

人から「あなたらしいね」と言われても、意外であったりピンとこなかったりすることもあります。なんだか嫌な気持ちがすることもあるでしょう。

そんな時は、**変わるチャンスです！** 自分がどんなふうになりたいのか、本当はどのようなイメージを目指しているのかを、ぜひこの機会に考えてみてください。

現在のあなたらしさは、他の人の言葉から知ることができます。

もちろん、すでに自分の好きな部分やこだわりがわかっているならば、それをさらに磨いて、もっと自分らしく輝いてください。

人から褒めてもらった言葉と自分の大切にしたいイメージを組み合わせて、**自分のなりたい自分を創り上げていけばいいのです。**

Lesson

08

リアルに見たり聞いたりしたものだけを信じる

女性はほんとにおしゃべりが大好きです。

その会話の中でよく出てくるのが、ウワサ話（身近な人、芸能人など）ですね。

人を褒めたり、ハッピーなウワサ話ばかりするならいいのですが、そればかりではありませんよね。

「職場の○○さんって嫌味ばっかり言ってくるし、ほんとムカつく」

こんなふうに、どうしてもグチっぽくなってしまうことってあります。

「○○ちゃんが、あなたの悪口言ってたよ」

親切だと思ってそんなウワサを、わざわざ教えてくれる人だっています。

でも、これは実際のところ本当かどうかわからない単なるウワサ。

あなたが直接聞いたことでも、経験したことでもありません。

ウワサを信じるなと言うのではなく、それを耳にして嫌な気持ちになったり、人を嫌いになったりするのは残念なことだということです。

なかなか難しいのですが、**自分の目でリアルに見たこと、聞いたことだけを信じる**ようにしましょう。また、ウワサを都合よく解釈するのも、幸せの秘訣だと思います。

Lesson 09

素直になれば たくさんのものが 受け取れる

あなたは人に褒めてもらった時に、素直に、

「ありがとう！　うれしいです！」

と、言っていますか？

「いいえ、そんなことありません。私なんて……」

と、つい言ってしまっていませんか？

褒められても素直に喜べる人って、意外と少ないものです。

でも、そんな時には、「ありがとうございます」と、**褒めてくれた人の気持ちを、素直に受け取ってください。**

お礼の言葉は、褒めてくれた人への感謝の表れです。

褒めてくれた人がわざわざそれを伝えてくれたのですから、喜んでお礼を言えば、どちらもうれしい気持ちになれるのです。


実は〝受け取り上手〟の良いところは、それだけではありません。

いざ、ここぞというラッキーチャンスがやってきた時にも力を発揮します。

なぜなら、あれこれマイナスのことを考えて逡巡《しゅんじゅん》することがないので、チャンスを逃さずつかみ取ることができるのです！

「若い頃は全部自分でしなければと思って、必死に頑張りすぎて疲れていたけれど、サポートしてくれる人に頼るようになったら、その人も成長して、物事がすごくスムーズにいくようになったんですよ」

と話してくれた人もいました。

意固地だったり頑《かたく》なところがあったりする人は、自分の心に素直になることで、**今の自分に必要なものをきちんと受け取れるようになります。**

こんなふうに受け取り上手になるだけで、アッという間に人生が変わってしまうことだってあるんですよ。

Lesson

10

本当の美しさは目に見えないところにある

女性は誰もが必ずとびきり「美しい」パーツを持っています。

・指がとっても細くて長くてキレイ
・鎖骨がスッキリしていて女性らしい
・足首がキュッと引き締まっていて魅力的
・髪の毛がつやつやで触れてみたいほど

……などなど。

「美意識」の高い女性は、これを見逃しません。彼女たちは普段から美しいことに対して敏感で、アンテナを張り巡らしています。

ですから相手が気づいていない、これら一つひとつの魅力を発掘し、気づかせてあげられるのです。

でも、そんな見た目だけではありません。

その人の行動や心がけからも「美」を見出《みいだ》してくれるのです。

例えば、

・落ちているゴミをさりげなく拾う
・困っている人の力になる
・いつも笑顔でいる
……などなど
これらは見た目のパーツを超えるところにある「美」です。こんな心がけのある人は誰が見てもやはり美しいと思います。

私の経験からひとつエピソードをご紹介しましょう。

仲良しのお客さまがいました。私はよく、自分の母のことを話題にしていたのですが、ある時、

「この前、お母さまがお好きと伺ったので、ご一緒にどうぞ」

と、上品で美味しそうな差し入れをいただいたのです！

会ったこともない私の母のことまで考えてくださった思いやりに、とても感動しました。

究極の「美」は、目に見えないところにあるのです。

Lesson

11

「自由」とは選択肢がたくさんあること

例えば、バッグが欲しくなったとします。

「定番の黒いバッグがいいなとも思うけれども……。たまには華やかな赤のバッグもいいかな。でも、少し背伸びして、上品なシャンパンゴールドもいいかもしれない」

「今日の夕ご飯はお寿司が食べたいなぁ。あっ、でもこの前、彼と食べたしな。パスタは最近食べてないけど、今日は疲れていてゆっくりしたいから、あのお店はちょっとにぎやかすぎるかな。もう少し静かなお店で過ごしたいな～」

あなたも、こんなふうにいろいろと悩んだこと、ありますよね？

女性にとっての「自由」とは、このように選択肢がいくつもあることなんです。

そして、選択肢が多いということは、それだけたくさんの可能性（未来）を見据えているということ。

毎日を活き活きと過ごしている女性であればあるほど、自分の中の選択肢を広げている傾向があります。

選べる自由があることは、それだけ幸せであるということなのです。

Lesson

12

「これでいいや」じゃなくて「これがいい！」が正解

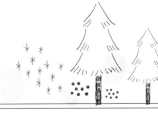

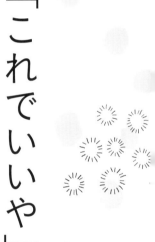

あなたは何かを選択する時に、どのようにしていますか？　例えば、

「本当はあっちのパンプスが欲しいけど、高いからこっちので我慢しよう」

「この前知り合った人に誘われたけど、どうしようかな。あんまり気のりしないけど、週末は予定ないし退屈だから、遊びに行こうかな」

こんなこと、よくありますよね。

けれども、そんな曖昧な気持ちで取ってしまった行動って、結局は自分を満たしてはくれないことがほとんどです。


「美意識」が高い人は自分のこだわりに対して妥協《だきょう》をしません。


女性は感情で物事を決めやすいので、その時の状況で選択してしまうことも多いのです。でも、もう少し先のことを考えてみるのです。本当にこれは必要？――と問いかけてみると、違った選択ができると思うのです。

あるいは、選択をしないという選択もありです。

一度選択の仕方を変えてみると、その心地よさに気づくはずです。

ほんの少しの変化の積み重ねが、素敵な人生への道しるべになっていきます。

Lesson

13

自分にとって本当に必要なものだけを選び続ける

どんなにいいと思える商品情報であっても**「自分にとって本当に必要か？」**を、**いつも最初に考えてほしい**と思います。

女性って、「特別」や「あなただけに」というフレーズに、ついつい惹《ひ》かれてしまうものですよね。

私もそうです（笑）。

ついつい、このフレーズに惹かれて購入スイッチを刺激され、いいと言われた美容グッズを購入してしまったことがあります。

でも、本当は、ここではやる気持ちをグッと抑えてほしいのです。

「私にとって本当に必要なのかな？」

「今、買うべきものなの？」

と、冷静に考えてみてください。

女性が衝動的に買った商品は大抵の場合、あとになって「なぜ、こんなものを買ってしまったんだろう」と、後悔してしまうことが多いのです。

私のお客さまにもたくさんいましたし、私にも苦い経験がたくさんあります。

そうなると、いざ本当に必要なものが出てきた時に、お金が足りなくて買えなくなる、なんてこともあります。

そのうえ、部屋が無駄なものでゴチャゴチャして**「今、必要なもの」を見失ってしまう**ことにもなりかねません。


女性の感性は、本来取捨選択にも優れていますから、冷静にしっかりと考えれば、「いる！　いらない！」がちゃんとわかるはず。

欲しくないものを買うこともなくなり、無駄なことに悩む時間も減ると思います。

一時の感情で必要のないものを衝動買いするのは、結果的にあなたから「美」を遠ざけてしまいます。

グッとこらえることも、大切ですよ。

Lesson

14

相手の良いところは言葉にしてちゃんと褒める

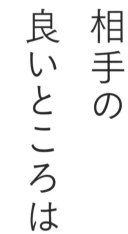

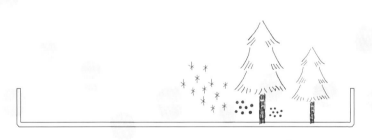

日本人は、褒めるのが苦手な人が多いと思います。

良いところを見つけることはできても、素直に相手を褒めることができないってこともあるでしょう。

でも、「美」の意識を高めたいのであれば、「相手を褒める」という行為は、とても重要なポイントなのです。

なぜなら、**相手を褒めることで、自分の良さも発見できる**から。

街を歩きながら、「あの人のバッグ可愛い」「髪型オシャレ!」「姿勢が良くてバレリーナみたい!」なんて、人のチャームポイントを探すのもおススメです。

そうするうちに、だんだん身近な一緒に過ごす人の良いところも見つけられるようになって、言葉にして褒められるようになります。

そうなれば、みんな、うれしいですよね。

同時に、相手の魅力から、自分の足りない魅力に気がついたりもできるので、結果として、自分の「美」を高めることにもつながるというわけです。

Lesson

15

「嫌なものは嫌」とハッキリ言っていい

「嫌」という感情にネガティブなイメージを持つ人は多いのですが、**嫌というのはとても大事な感情**なのです。

有名なファッションデザイナーのココ・シャネルも、「Ｎｏｎと言いなさい」という言葉を残しています。

ココ・シャネルは、自分の嫌なものと徹底的に向き合いこだわる強さがあり、それをバネにしたからこそ、あれほどの世界的ブランドを築くことができたのでしょう。

とても自分の心に素直な人だったのだろうと思います。彼女は、**時代に逆らって人とは違う自分らしい生き方をした女性**です。

なぜ嫌なのか？

裏返して考えると、好きなものをより深く知ることができます。

嫌にもきちんと理由があるので、ぜひ探してみてください。

少し勇気がいりますが、そうすることで、より自分の好きなものがハッキリとしてきます。

そして見つけた好きなものを、大事にしてほしいと思います。

Lesson

16

ネガティブな人には別れを告げる

「彼氏に『太ったんじゃない』と言われたので、炭水化物を抜いて、大好きなチョコレートも我慢してダイエットしています」

と、誰が見てもスリムな可愛らしい女の子が言うのを聞きました。

そんなことを言う彼氏とは、早くお別れしましょう！

なぜなら、あなたらしい魅力が減ってしまうからです。

恋愛だけではありません。

ネガティブなことを言う人、ネガティブが好きな人ってあなたの周りにもいませんか？

「そんなにうまくいくはずないよ」とか「どうせドラマの中の話でしょ、現実はね」なんてことを言う人。

ネガティブって気づかないうちにクセになってしまうことがあるんです。

そういう人との会話には気をつけて、できることならあまり一緒に時を過ごさないようにしましょう。

どんな時も、自分の心を信じてワクワク喜ぶ言葉に耳を傾けてあげてください。

Lesson

17

夢の実現より豊かで幸せな人生を歩むことのほうが大事

あなたには夢がありますか？

・仕事で結果を出して人生で成功を収める
・大好きな人と結婚して一生添い遂げる
・窓から海が見える海沿いのお家に住む
・欲しいものを大人買いできるような、リッチな生活をする
・かけがえのない子供を産んで育てる
・超豪華客船で世界一周する

……などなど、人それぞれ、さまざまな夢があると思います。
「これだけは絶対叶えたい！」という人も「あれもこれもしたい〜」とたくさんの夢を描いている人もいるでしょう。

さて、「美意識」が高い人たちは、**その夢はすべて、自分の一部分にすぎない**と言います。

それよりもまず、自分自身が**〝こういう人でありたい〟〝こういう人生にする〟と決めることがなにより大事**であると――。

それを決めることができれば、夢もそれにつられて自ずと叶うようになると――。

夢を持つことは決して間違いではありません。でも、夢が叶うことが重要なのではなく、その前提として、幸せな人生を歩むことが重要なのではないでしょうか。

夢が叶ったとしても、あなたがあなた自身であることは生涯変わることはありません。

「仕事で成功したい！」「お金持ちになりたい！」というのもいいのですが、**そんな遠慮をしていないで「望むものすべて手に入れられるような、豊かな女性になる！」と決めてしまいましょう！**

あなた自身に「こんな人生がいいな〜、こんな人になりたいな」というイメージがあるのなら、お気に入りを整理して最高でオリジナルな女性を創ってみてください。

もしも思いつかなければ、自分の好きな人の生き方を研究することから、始めてみるといいと思います。

PART 2

人生がより輝く「女性のルール」

Lesson

18

あなたが感じるあらゆる感情を大切にする

人生において、楽しい、うれしいことばかりならいいけれど、生きていればやっぱりそうではない時もあります。

愛する人と別れて、目が腫れるぐらい泣き続け、再起不能だと思うこともあります。お金を使い過ぎてしまい、お財布にお金がなく、惨めな気持ちになることもあります。

仕事で失敗し、怒られて落ち込んだりすることだって、数えきれないほどあります。でも、そのすべての感情をなかったことにしてほしくありません。無理に、いつもポジティブでいようとしなくていいのです。**なぜなら、味わった感情の分だけ、人を思いやれるし、人の痛みを知ることができるし、人に優しくなれるから。**

そういった感情を素直に受け止め、人への優しさに転換している女性は、本当に素敵です。

私も、そんなお客さんに何度も救われました。

悲しみも含めた感情の変化は、人生の糧そのものです。

一つひとつを素直な心で受け入れ、大切にしていきましょう。

Lesson

19

ワクワクは心の「美」を生み出す

私自身もともと、〝マジメにコツコツと〟というような性格ではありません。

そしてまた、興味がないものであれば、流行っていても乗るタイプではありません。

「週に何回エクササイズする！」なども、決めたことがありません。

なぜそうしているかというと、**その時の感情を大事にしたい**と思っているからです。

特に、女性の身体はデリケートですし、感性の生き物だということは日頃から感じていますので、その時の自分の気持ちを大切にしたいのです。

感情に従って生きることを、否定してもいないのです。

これも、私の「美意識」高いお客さまから得た、女性として輝くための大きな気づきといえます。

初めに目標を決めてどんなに張り切っていたとしても、頑張りすぎると、そのうちに息切れしてしまい、続きませんよね。

おまけに、もし続かないとなると、自己嫌悪におちいったりもして、ちっともいいことはありません。

Lesson

20

とことん自分の好きなことをしてみる

好きなことができる時間、できる精神的な余裕、できるお金がある。そんな人生って幸せですよね。

幸いにも、私の好きなことは、お散歩、ヨガ、泳ぐこと、芸術に触れることだったりするので、少しの時間でもできるし、ほとんどお金もかかりません。こんな好きなことができるからこそ、私は上手にストレスを回避することもできています。

お買い物が好きな人、旅行が好きな人、歌を歌うことが好きな人、好きなことは人それぞれです。

好きなことをしている時はもちろん、それをすることを考えて計画している時間もまた、ワクワクしますよね。それが、女性の「美」にはとても大切なのです。

ワクワクは、心の「美」を生みます。体の内側から、女性の輝きを創る装置なのです。

何でもよいのです。お友達とカラオケで盛り上がるのもあり。映画を観て感動するのもありです。お稽古事をして新しい価値観に触れてもワクワクするに違いありません。そんな好きなことを、ぜひ、大事にしてほしいと思います。

Lesson

21

自分らしさが人を惹《ひ》きつける

自分の大切なもの、好きなものを大切にして生きている女性は、素敵で美しいものです。

周りから何を言われようとも、自分の意志を持って大切なものを貫く姿勢は、時間がかかることがあっても、**人を動かし、惹きつける力**があります。

この「自分らしさ」を、うまく自分の人生に取り入れて生きている人が「美しい人」であると、私は思います。

Lesson

22

たった一言が言える人になる

以前、飛行機に乗った時のことです。1歳くらいと思われるお子さんを連れたお母さまが、隣の席に座りました。

その女性は座るとすぐに、「子供が騒ぐかもしれません。ご迷惑かけてしまったらすみません」とお声がけをしてくれました。

この一言を言えるかどうかは、とても大事だなと思いました。

私自身は子供がとても好きですし、騒いでも気になりません。けれども周りの人のことを考えて、配慮ができる女性の姿に感動しました。

とても美しいと思いました。

何かしらのご縁があってお隣の席に座ったのです。

一期一会という教えがあるように、その時だけかもしれない出会いにもきちんと向き合うことは、**日々の積み重ねが人生**だと思うと、とても大切です。

近所を歩いていてすれ違った人に「こんにちは」と一言だけでも、あなたからお声がけしてみませんか？　日常が、少し違って見えるかもしれません。

「美意識」の高い人はコミュニケーションが上手な人が多いように思います。

Lesson

23

急いでいる時こそ お先にどうぞと 言ってみる

私はもともとおしゃべりな方で（女性は少なからずおしゃべりですが）、気がつくと、仕事中であることも半分忘れて、よく自分の話を長々としてしまっています（笑）。

でもそんな時も、「美意識」の高い人は、嫌な顔ひとつせずに楽しそうに最後まで聴いてくれるのです。

私はあとで、今日もしゃべりすぎたなーとよく反省したものですが……。

これは自分に自信があるので、心にゆとりがあるからではないかなと思います。**いつも相手を思いやる気持ちがある**のでしょう。

こんな言葉をいただいたこともあります。

「急いでいる時ほど、お先にどうぞなのよ」

聞いた時にはあまりピンと来なかったのですが、今はとても深い言葉だと思います。

焦っていると自分のことばかりで周りが見えなくなってしまうから、そんな時こそ**視野を広げ周りを見渡し、相手のことを考える**。結果、そのほうがうまくいくのです。

そんなことを教えてくれた言葉だったと思います。

Lesson

24

心と体を美しくするヨガのおススメ

心と体はやはりつながっているのでしょうか。体は生涯つき合っていくもの。「美意識」高い女性は、少なくともそんな自覚をきちんと持っています。

モデルさんや、女優さんなどでもよく見かけますよね、「ヨガを始めました！」と、その様子をブログなどでアップする人を。

「健康と幸せはつながっている」という意識からヨガを続けている人は多いのです。

ヨガは、今では輝く女性にとって重要なエクササイズの一つです。

体は、大切にケアしてあげましょう。

実は私も「ヨガ」をしています。どこでも始められるしグッズもいりません。エクササイズってお金がかかると思われがちですが、そんなことはありません。「美」を創るのに、さほどお金は重要ではないのです。

大切なのは、何事も周りの環境を活かすこと。そして、**身近なところに「美」を高めるための要素があると気づくこと**です。

激しい動きは少ないのですが、私も「ヨガ」を毎回やるたびに気づきがあります。

これがとても面白くて、日々続けています。

Lesson

25

失恋ソングばかり聴いていると幸せが遠ざかる

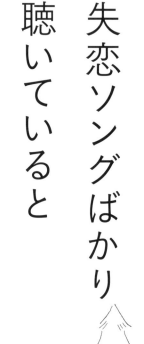

「美意識」が高い人は感性がとても豊かです。

あなたは感性を磨いていますか？

仕事に家事にと追われる毎日では、意識的に磨いていかないと、感性はどんどん失われていってしまいます。

実は、感性を磨くことってとても簡単なんです！

ドラマや映画、音楽、ミュージカル、コンサート、旅をして感じること……。

ほかにも、美味しいものを食べに行くことも、お花見に行ったり、四季を感じることなど、自然に触れることだってそうです。

感性を磨くのは、美術品や絵画などに触れることだけではありません。

ここで一つ、大切なポイントがあります。

何を選んでもいいのです。でも楽しくなって気分が上がるものにしましょう。

例えば本であれば、悲劇物語やサスペンスよりもロマンチックなおとぎ話、ファンタジーがおススメ。

おとぎ話にはドラマティックな展開や、人生を豊かにする「哲学的な要素」が入っ

Fantasy

た作品も多いので、人として、女性として、大きくなれる要素が多いのです。

少し気になるのが、音楽の世界では今昔問わず多いのが、失恋ソングや叶わない恋の歌です。

落ち込んだ時に聴いて、下には下がいると悦に入っても、そればかり聴いていては**あなたの幸せを遠ざけることになります。**

暗い歌詞の歌ばかりを聴いていると、それが現実になりやすくなってしまうということです。

ハッピーソングを積極的に聴くことが、女性の幸せと輝きを引き寄せるのです。

特にネガティブになりやすい人は自分の身の回り、インテリア、持ち物、ファッション、メイクに明るい色を取り入れると、気分もいつも明るくポジティブでいられます！

「美意識」の高い女性は、**いつも前向きで明るい選択を**しています。

Lesson

26

自然や芸術に触れることで得られる不思議な力

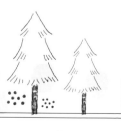

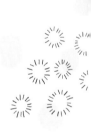

「今日は川の流れがいつもより穏やかだな」「桜がもうすぐ咲きそうだな」「星がキレイに見えるな」——そんな些細な自然のきらめきは、駅まで歩くだけでも気づくことができます。

自然から得られる「気づき」って本当にすごいと思うのです。星のきらめきを見れば、自然と心が澄んでくるし、そこにあるだけで人を惹きつける桜の花を見れば、その大いなる自然に魅了され、明日への活力が湧いてくる……。

すると不思議なことに、人の素敵なところや、自分の良いところにも気づくようになるのです。

いつも私は、自然からの気づきで、自分を好きになれています。

自然の美も素晴らしいのですが、芸術も「美」そのもの。芸術家の人たちはそれぞれ個性的な美的センスでそれを表現しています。

芸術作品、創作物を見る場合にも、**心の目で見つめることによって見えてくるものがあります**。また、芸術作品というものは、時に嫌なことがあっても、それを癒し忘れさせてくれ、気持ちを満たしてくれる力を持っています。

Lesson

27

制限のしすぎは「美」を遠ざける

「砂糖は体に悪いし、甘いものはダイエットの敵！」と言われますが、私はアイスクリームが大好きで、たとえダイエット中でも、別腹として食べています。

なぜなら、甘いものは人生の活力になるから。我慢はしすぎると、体の内側からも外側からも、何かしらの悪い影響が出るものです。特に女性の体は繊細なのです。だから私は、食べたくなったら即、アイスクリームを買って食べちゃいます（笑）。

悲しいことがあって落ち込んだりしても、アイスクリームを食べたりスイーツを食べて自分を慰めてあげると、いつの間にか笑顔になれるのです。

甘いものに限りません。「これを食べてはいけない」と、決めつけることはよくありません。時間帯も気にせず、自由に食べたい時に食べるのが、実は、「美」を保つ秘訣のひとつなのです。なぜならば自由を求める女性が、自分に制限を設けることで、ストレスを感じてしまいがちだからです。

でも、ひとつだけ気にしてほしいことがあります。食品を買う時はなるべくシンプルな素材で、添加物の少ないものを選ぶこと。なにしろ体に入るものですから。

好きな食べ物を食べている時って幸せですよね。

Lesson

28

お金をかけずに「幸せ」のカケラを見つける方法

70代、80代の女性にネイルをさせてもらう機会があります。長年一人暮らしの女性は、まずおしゃべりが大好きです。30分以上、つらつらと話し、こちらからネイルに誘導しても、なかなか施術に進まないことも多々あります（笑）。

このような方を見ていると、女性って本当にいくつになってもおしゃべりが好きなのだと実感させられます。まるで女子高生みたいだなぁと思うほどです。

70代ぐらいの女性ならば、時間的な余裕もあると思いますので、いろんなことを自由にして過ごせる人も多いと思います。

けれども、結局は、仲の良い友人と集まって時間を忘れておしゃべりするのが、一番の楽しみなのかもしれません。そして、そうやって活き活きと会話を楽しんでいるからこそ、女性としての輝きを忘れずにいられるのだと思います。

私もおしゃべりが大好きです。言いたいことを何でも言い合える友人は、かけがえのない存在です。

「幸せ」ってお金がかかることばかりではないし、**身近にも「幸せ」はたくさんある**ものです。まずは会話から。誰かと話して、**「幸せ」のカケラ**を見つけちゃいましょう。

Lesson

29

頑張りすぎずに女性であることをもっと楽しむ

「女性」であることって、やっぱり最高に楽しいなと私は思います。でも、女性は心も体もとってもデリケートだと思いますから、無理しすぎることは禁物。

あまり頑張りすぎると、女性ならではの特徴である可愛らしさまでなくなってしまいます。

例えば、

・甘いものが好き（太ると言われても）
・オシャレを楽しみたい（無駄づかいと言われても）
・つい長電話してしまう（くだらない話でも）
・気分がコロコロ変わる（時々もめるけど）

そういった日常も含めて、全部抱きしめてあげてほしいのです。人生はいろいろで、山あり谷ありです。だから日々の楽しみをおろそかにしてはいけないのです。

うまくいかないことがあっても、笑って楽しめるようになること。**これこそが、どんな美容法よりも、美しくて愛らしい最高の女性の条件**だと思います。

どうぞ、「女性」であることを楽しんでくださいね。

Lesson

30

年齢を重ねることで見えてくる新しい景色がある

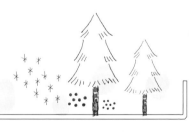

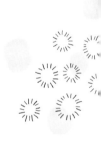

とても多くの人が、こう思い込んでいるように思います。

「女性は若いうちが花」

私も何度か、「若くて可愛いってだけで妬《ねた》まれる」とか、「周りがちやほやしてくれるのも若いうちだけよ」なんて言葉を聞いたことがあります。

誕生日を迎えるたびに心配になっている人もいるのでしょう。

でも、そんなことはありません！

なぜなら女性は、**年齢を重ねるごとに「美」の経験値がどんどん上がっていく**ものだからです。意識も開発されて、より美しくなっていくものだと思うのです。

私のお客さまの中にも、30代、40代になって、20代の頃以上に輝きを増して、心身ともにキレイだなと思える人はたくさんいます。年齢を重ねなければ見えない景色もありますし、感じることのできない感情だってたくさんあるはずです。

なによりも**それまで生きてきた、あなたオリジナルの人生が存在する**のですから。

毎日経験値を積み重ねて、一日ごとに若い子が敵《かな》うことのない、真の美しさを手に入れているのです。

Lesson

31

たくさん旅をして世界規模の価値観を手に入れる

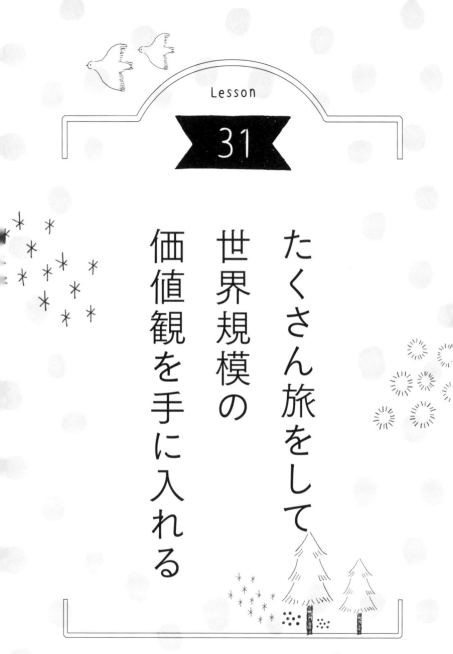

国内外を問わず、旅行好きな人はたくさんいます。私も大好きで飛行機に乗るだけでいつもワクワク！ 旅の本を見ては思いをめぐらせ、ニコニコながめています！

離婚をされ、シングルマザーとして3人の子供を育てた女性に「少し無理をしてでも、旅をたくさんしなさい」と言われたことがあります。

地元が大好きな私でしたので、「どうしてですか？」と尋ねると、「ここ（名古屋）にいたら、地元くらいの大きさの考え方しか生まれないよ。アメリカまで行けばアメリカぐらい広い、世界規模の考え方ができるようになるのよ」と言われたのです。

居心地がいい名古屋、そして日本がとても好きな私ですが、この言葉はとても印象的でした。**人生における「大切な思考」は、自分以外のたくさんの存在が気づかせてくれる**のだと、実感した言葉でした。

たくさん旅をしている女性は、考え方もユニークで面白い人が多いのです。

それだけ、多種多様な価値観に触れているからなのでしょう。そして、一度日本を離れるからこそ、日本の良さや価値を実感している人も多いのです。身近にあるものほど当たり前になりすぎ、その中にある重大さやありがたさに気がつかないものです。

大和撫子のＤＮＡを受け継ぐ日本女性として、大きな視野を持ってより大切なものに気づくためにも、**女性こそ世界に旅立つ時代**なのかもしれません。

そんな私は旅行に行く際、パッケージツアーではなく、自分でアレンジする旅が好きです。行きたいところを見つけて、気ままに自分で組み合わせていくのです。

フライト、宿泊先の手配をはじめ、移動手段の検索などには手間はかかりますが、それも楽しい時間です♪

確かに、アレンジの旅は大変です。言葉も通じなかったり、文化や習慣の違い、予想外のハプニングも次々と起こったりします。でも、そのたびにひと回りもふた回りも成長できていることを実感します。自分自身のキャパを広げてくれますし、いろいろ経験することはとても素晴らしいことだと思います。

ツアーで行けば楽ですし安全性も高いのですが、一度アレンジで行くと自由自在に楽しむことがやみつきになってしまいます！　またパッケージツアーの中にもフライトとホテルだけパックで、終日自由というものもありますので、いろいろ研究してみるのもいいと思います。アレンジの旅、ぜひ試してみてください！

PART 3

哲学女子があなたに伝えたい大切なこと

Lesson

32

「美」を追求していたら「哲学」にたどり着いた

「美」を追求する女性が最終的にたどり着く場所。

それは、どこだと思いますか？

意外かもしれませんが……そこは、「哲学」なのです。

哲学と言えば、どこか難しい、ワケがわからない、屁理屈をこね回す、そして崇高なイメージを持つという方もいらっしゃるのではないでしょうか。

哲学者には男性が多いこともありますので、特に女性にとってはあまり親しみのある存在ではないかもしれません。

「哲学」って、書物を読んでみるといかにも難しく書かれていますが、実は、本質はとてもわかりやすいものも多いのです。

そして、面白いことに「哲学」には、**女性の輝きをどんどん増していく「美」のエッセンスがふんだんに含まれている**のをご存知でしょうか？

私は哲学を知り、学ぶことで、今までとは違った世界に足を踏み入れることになったと思っています。

ぜひこの機会に、哲学の奥深い魅力に接してほしいと思います。

Lesson

33

「美意識」の高い女性は物事の本質を見て勝負する

最近とみに、「スピリチュアル」という言葉を聞くようになりました。女性はスピリチュアル系のことに興味のある方は多いと思います。

スピリチュアルを一言でいえば、「人の心」のあり方をコントロールするもののこと。広い意味で言えば「哲学」もこれと同じなのです。

「哲学」とは、「〇〇ってなんだろう？」という物事の本質を、とことん突き詰めて考えていくことにほかなりません。

「美意識」の高い女性というのは、

「本当の幸せとはなんだろう？」

「女性として最高に輝ける生き方って何だろう？」

ということを、自分なりに突き詰めて考えていくのですね。

例えば、「可愛い」アイドルが、今テレビに映っています。この時、「美意識」高い女性たちの思考回路はどうなっているのでしょうか？

「あの子、可愛いよね〜」「あの子のメイク真似したいな〜」なんてことは考えていません。彼女らの思考回路は、こうです。

「あの子たちのハートは誰よりも強いと思う！　だって、ハードなダンスの練習、思春期真っ盛りなのに恋愛禁止、人気競争に勝ち抜かなきゃいけないんだもん!!」

「そのへんの男の子より、よっぽど精神的に逞《たくま》しくて男前なんじゃないかな!?」

こんなことを、まず真っ先に考えるのです。

（元アイドルグループ所属の友人が、「かなり体育会系だった」と話してくれましたので、その考えは正しいかもしれません。）

つまり、**見た目ではなく内面**を見て、人間としてどう生きているのか？　女性の生き方としてどうなのか？　を重要視しているということ。

「美意識」高い彼女たちは、自分を磨くのにいつも全力です。同時に**女性としての強さ**も磨こうとします。だからこそ、内面に重きを置く思考になるのでしょう。

見た目は可愛らしくても、ハートは強くしかも柔軟。

これからはそんな女性がカッコよく、求められる時代であると言えそうですね。

PART 3 哲学女子が
あなたに伝えたい
大切なこと

Lesson

34

「可愛いだけ」でなんとかなる時代はもう終わった

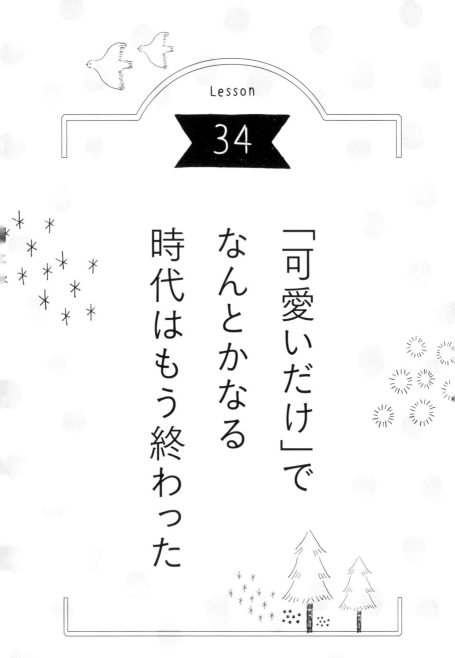

ひと昔前ならば、守ってあげたくなるような女の子に人気があり、一人じゃ何もできない女の子であっても、存在が〝可愛い〟だけで幸せな人生を歩めたかもしれません。

でも、時代はどんどん変わってきていて、女性の自己表現も生き方も多様化し、社会的にも自由を獲得しつつあります。

少し前からのアイドルブームもあり、日本文化の特徴として〝可愛い〟という言葉もありますが、これからの女性は〝可愛い〟だけでは通用しなくなると思っています。

これは内面的な話なのですが、いつも受け身で相手に期待や依存ばかりしていては、自分らしい生き方もできず、幸せになることも難しいように思うのです。

実際、女性はみんな、本当は強いのです！

勇気を持って「自分はこう思う！」「こう生きたい！」と口に出していきましょう。

人とは違う個性が魅力になる、そんな時代がきている、そう思います。

Lesson

35

女性の柔らかさに敵《かな》うものなし

女性の社会進出も進み、現代女性は結婚しても仕事をする人、キャリアを積み重ねていく人が増えてきています。

仕事バリバリの女性に「男性と肩を並べて仕事モードでいると、どんどん男性っぽくなって、女らしさを忘れてしまう」ということをたびたび聞きます。

私自身、夢も野望もありすぎて、「人一倍頑張らなくちゃ！」とか、「頼るのは甘え。自立した人は一人で何もかもこなさなくては！」と肩ひじ張ってやりすぎたこともあります。その結果、体を壊しました（笑）。

それも踏まえ、そもそも女性は、男性と肩を並べても張り合うのではなく、手を取り合うように良さを活かし合っていけばいい、**女性らしさを活かす方法**を探すといいのでは、と思います。

とはいえ「仕事ではそうもいかない！」という人もいるかもしれません。でも、女性特有の柔らかさを思い出してほしいのです。これは甘えとは別ものです。

男前にがむしゃらに頑張るのではなくて、知恵を使ったり工夫したりするのです。

女性の柔らかさに敵うものはないのですから。

Lesson

36

「相手と自分」どちらもちゃんと尊重する

「私を見て見て」っていう目立ちたがりタイプの女の子、時々いますよね。今時はそれくらい自己主張できて、自分を主人公にできるくらいがいいのかなと思います。

ただ自分のことばかり大切で、相手のことをないがしろにしているのでは素敵な女性とはとうてい言えません。

相手とは目の前にいる人、周りにいる大切な人、さらにはそれを超えた必要不可欠な人のこと。

また、優しさ故に相手を優先しすぎたり、人のことを心配しすぎたりして、自分を大事にできないという人もいますよね。

「自分さえ我慢すればうまくいくんだから」なんて人も。

一番バランスがいいのは、どちらも大事にできることだと思います。

自分に優しくない人は、結局は人（相手）のことも大事にできません。

自分と相手をどちらも大切に尊重できるようになると、人間関係もどんどん変わっていきますよ。

Lesson

37

水をあげて育てなければ花は咲かない

40代、50代といった、自分より年齢を重ねている女性からも教えてもらうことはとても多くあります。その中で、もっとも印象深く、しかも多く語られた言葉を、ご紹介したと思います。それは……

「やっておけばよかった」ということです。

「本当はこうしたかったけどできなかった」

「否定されてあきらめてしまった」

といった言葉をたくさん聞きました。

「すべての女性はお花。水を与えて、太陽の光をもらって、優しい風に包まれて、素敵に輝くお花」であると、ある上品で素敵なマダムから教えてもらいました。

この言葉には、とても深い意味があります。

女性は、やれば何だってできるんです。達成できるのです。

でも、やらなければ何も達成されることはなく、美しい花が咲くこともありません。

この話には、とても感動し、今でも心の中で何度も思い出しては反芻《はんすう》している言葉なのです。

Lesson

38

女性のハートを磨くには「恋愛」は欠かせない

幼い子供は心に素直です。泣いたり、笑ったり、怒ったり、はしゃいだり……。

誰もが、喜怒哀楽をオープンにしています。けれども、**大人になるにつれだんだんと傷つくのが怖くなって、頭で考えてから行動するようになります**よね。

恋愛に限ったことではないのですが、特に恋愛は人と人との距離がとても近くなりますし、そもそも恋愛は頭だけではできません。

また、人を好きになるということは、時には痛みを伴います。

例えば、友人だった人や同僚を好きになってしまった場合、想いを告げれば未来はどう転ぶのか？　今までの関係が壊れてしまうのでは？　そんなことをまず、考えてしまいませんか？

それでも、勇気を出して行動しなくてはいけない場面だってあります。

だんだんと「恋愛」に臆病になってしまうのが、大人なのかもしれません。

でも、美意識の高い女性はみんな、こう言うのです。

「女性のハートを磨くのは、恋愛」と。

女性のハートは繊細で、感情にとても左右されます。けれども、「美意識」の高い人は、自分の中に強い芯を持っているため、一回一回の感情の変化に惑わされず、それを楽しむことができるものです。そのブレない心を磨くためには、時にはたくさんの試練もある「恋愛」こそ、最高だというのです。

人の痛みを知る心。人を思いやる心。逆風に立ち向かう心。「美」を追い求める女性は、どんな「恋愛」からでもハートを鍛えているのです。

また、自分のハートを大事にできる人は内側から輝いているため、それが見た目にも現れてどんどん美しくなっていくのです。

そして**そのオーラが、周りの人々を魅了します**。

「恋愛」を上手に楽しんで、自分の心の中の素直にフタをせずに勇気を持って行動できる女性は、素敵なパートナーと結ばれるだけではなく、自信たっぷりに見えるので仕事でもいい結果を出すことができます。

自信がなさそうに見える人には、責任ある仕事は任されません。プレッシャーに負けそうな場合でも、「恋愛」で鍛えたハートで乗り切って、たくさんのラッキーチャンスを手に入れていくのでしょう。

Lesson

39

前向きな発想がパワーの根源になる

「美意識」が高い女性は、とっても前向きな人が多いのです。けれども、そういう女性がみんな生まれつき前向きなのかと言えば、実はそうでもありません。

おそらく、経験から前向きに捉えるのが上手になったのだと思います。

それは、仕事や恋愛でも一緒です。

「流行りのパワースポットに行くのもいいけれど、**愛する人と一緒にいる場所こそが最強のパワースポットですよね！**」と笑顔で話してくれたお客さまがいます。

ここで言う「愛する人」というのは、恋愛関係のパートナーとは限りません。信頼して仕事を一緒にしている人、あなたをいつも見守ってくれている家族、仲良しの友人もそうです。

活き活きとした女性は、楽しい時間を好きな人と共有するのが大好きですし、とても大切にしています。仕事が忙しくても少し先に楽しい旅行の計画を立てたり、モチベーションを上げたりするための工夫もいいですね。それこそが、喜びの源泉となりパワーをチャージできるのです。

こうした発想ができるだけで、仕事も恋愛もうまくいきそうだと思いませんか？

Lesson

40

「婚活」よりも「恋活」が結婚への早道

「早く結婚したいけど、気がついたら仕事漬けの毎日」

「キャリアは上がっていくけど、出会いがまったくない」

実際、私の友人・知人の20代後半〜30代前半くらいの人は、こんな悩みを抱えている人がたくさんいます。女性はこのぐらいの年齢になると、周りが結婚ラッシュに入ったりしますから、「私も、早く結婚しなきゃ！」と焦りますよね。私も、そうでしたから、お気持ちはとてもよくわかります（笑）。

でも、「美」を追求している女性というのは、ちょっと違います。いわゆる「婚活」には、あまり興味を示さないのです。彼女たちが目指すのは、常に「恋活」です。結婚相手が欲しいとは言わずに、恋する相手が欲しいと言うのです。

何気なく、「何で、結婚目的の彼を探さないのですか？」と聞くと……「仕事モードバリバリで婚活しても無駄。恋愛体質になっていないから、男性は声をかけづらいでしょ？」という驚きの答えが。なるほどと思いました。


女性が憧れるのは〝私だけ〟のたった一人の〝王子さま〟です。あなたも、一度は

運命の出会いを想像して、ワクワクしたことがあるはずです。**婚活モードで相手を探しても、王子さまは見つかりません。**

たった一人の王子さま＝運命の相手を見つけるには、「恋活」が一番。女性は「運命」という言葉にも美学を感じているものです。美意識が高い女性なら、なおさらでしょう。燃え上がった「恋」が「愛」に変わって、結婚！

そんなストーリーが仕上がったら、最高に幸せですし、美しいですよね。

Lesson

41

理想磨きよりも自分磨き

彼氏がしばらくいなくて、出会いを求めている女性に、「どんな人がタイプなの？」と聞くと、こんな人を理想としている人って多いのです。

・細マッチョ
・顔は甘い感じのイケメン
・仕事がバリバリできて夢を持っている人

ほかにもたくさんあります。本当にどんどん出てくるんです！　これって、とっても素晴らしいことだとは思うのですが……。

そう言っている本人は、体のケアやエクササイズもサボり気味だったりします。加えて、夢もないし、仕事もとりあえずやっているといった人、多数です。

最近は特にデートもしてないため、美意識も低くなってしまっているのでしょうか。

本気で彼氏が欲しいなら、やっぱり理想の相手の目にとまるような女性になるため、自分を磨くのは必要不可欠ですよ！

Lesson

42

男ウケより自分ウケを狙ったほうがモテる

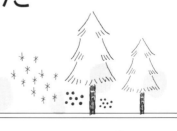

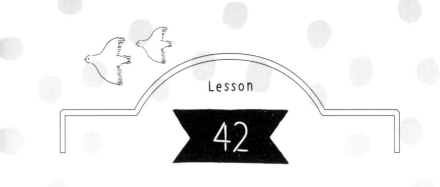

ネイルのお仕事中、よく「こっちの色のほうが男ウケしますか？」と、お客さまから聞かれます。

もちろん、アドバイスはしているのですが、実は、「男ウケ」を考えるって、すごく難しいのです。

なぜなら、「男ウケ」といっても、多種多様だからです。

清楚かつ控えめで、大人しい感じの女の子が好きな男性もいれば、見た目が派手で元気いっぱいの女の子が好きな男性もいます。

ほかにも、パンツスタイルの似合うクールでカッコいい女性が好みの男の人もいるわけです。

ですから、男性のウケを狙っても、どんな男性に好かれたいかによってぜんぜん違ってきます。

そもそもネイルをしている女性が好きではないという男性もいるので、一概にハッキリとアドバイスはできないのです。

これはネイルに限らずですが、「男ウケ」ではなく「自分ウケ」を考えたほうがいいということです。

ネイルはいつも自分で見て楽しむもの。だからこそ、自分が好きなものをチョイスして「自分ウケ」を狙うのが一番だと思うのです。

そんな女性は、好きなものを身に着けているために、自分に自信が持てるから、内面がハッピーですし、輝いて見えるのです。

そして、そのオーラを感じて、男性や周りの人たちは魅力的だと感じるわけです。

決してネイル自体に魅力を感じるのではありません。

ネイルをして幸せな気分をまとって、輝きを放つあなたにこそ周囲は魅力を感じるのです。

相手に合わせて自分を変えるのではなく、本来のあなたのままで輝いてください。

それを素敵だと思ってくれる人が必ず現れます。

Lesson

43

NOが言えない関係こそNO

「いつもダメ男とつきあっちゃうんです」という30代半ばの女性Tさん。

けれども、話を聞いていると……彼をダメ男にしてしまっているのはTさん本人だったりします。

好きだから、なんでもやってあげちゃうTさん。男らしい彼の言うことならなんでも聞いてしまうTさん。

だから、だんだん要求がエスカレートしたり、束縛が強くなってしまったりするのです。

Tさんは、いつもそれに耐えられなくなって、別れるとのこと。

なんでも「はい、はい」と男性の言いなりになって言うことを聞くのがいい女ではありません。

自分がハッピーでないなら、時には「NO」も大切です。もし、それで壊れてしまうような関係であるならば、それは最初からうまくいかない相手なのです。

断り上手であることも、大事な大人のステップの一つなのです。

Lesson

44

自分の気持ちに嘘をついてはいけない

「彼がいるけど、ケンカもしょっちゅうだし、なんだか最近冷めてきた」「彼と結婚しようか迷っている」など、いろいろな恋愛相談を受けます。

そこで私がいつも言うのが「その人じゃなきゃダメ！　と想う人を選んで」。

「今一人で寂しいし、この人でもいいかな」「条件はそろってるから、まあいっか」そんな気持ちなら、正直やめたほうがいいです。相手にも失礼ですし、自分の気持ちにも嘘をついています。

「この人じゃなきゃ絶対ヤダ！」と、想いがあふれるくらいがちょうどいいと私は思います。**おつき合いする相手や結婚相手というのは、それぐらい尊い存在**であってほしいのです。

この話をさせていただいたお客さまには、この話を覚えていてくれている方も多く、よく感謝の言葉をいただきます。

ほとんどが「別れて正解だった！」と言ってくれ、そのような方は、前よりもずっと美しく輝いた雰囲気を放っています。自分の気持ちに素直に正直にいることも、自身の内側・外側の「美」につながるということですね。

Lesson

45

妥協《だきょう》は美の大敵

「新婚旅行のことで彼と話していたら、お金ないから韓国にしようって。本当はモルディブに行きたいのに……」

「遠距離恋愛なんだけど、私のところまで行ってあげるから交通費は払ってって言われてしまって……」

「彼が結婚式にお金がかかるって言うので、指輪は我慢しようかな……」

そんな話を聞いていると、私はいつも「妥協しないで！」と伝えています。

なぜなら、それは「相手の意見」だからです。

大切なのは、「あなたがどう思うか」です！

女性は、つい相手の意見に寄り添おうとします。けれどもそればかりでは、あとあと後悔を生み、心のどこかにストレスを抱えます。

これも「美」の大敵です。常に、このような気持ちで自分の願いを押し殺してしまっていたら、美しく強い女性にはなれません。

嫌なことに妥協し続けると、意志を持たない芯のない女性になりがち。それって自分自身のためには決してなりませんよ。

もちろん、相手の言うことがＯＫだと思うのでしたら、受け入れればいいのです。でも、もし嫌だと思うなら、ハッキリと「嫌だ！」と伝えるべきなのです。

それに……好きな女性のためとあれば、男性は少しくらい無理なお願いを聞いてくれるものだったりします。

愛する人にはきちんと気持ちを伝えて、互いの妥協点を見出すなりして、自分をなくさないようにしましょう。

女性はもともと、感情表現が上手であると私は思っています。

上手に可愛らしく自分の気持ちを伝えれば、自然と状況は変わっていくはずです。

Lesson

46

それぞれの立場で女性を生きる

結婚すれば、妻として。

子供が生まれたら、母として。

会社にいれば、女性社員として。

大人になると、役割は増えるばかりですよね。

でも、**どんな時も絶対に変わらないのが「女性」である**ということです。

もちろん、人としてもそうですが、この世にはせっかく男性、女性がいるのですから、これをいつも忘れずに大事にして、場面ごとにモードを柔軟に変えて役割を楽しめるといいなと思います。

「妻」なら、旦那さんを支え、気づかえる聡明な妻に。

「母」なら、母性愛あふれる優しい女性として。

「女性社員」なら、男性をサポートしながらも、自身も女性としてのきらめきを放ちながら第一線で活躍する、頼れる人財《じんざい》として。

仕事モードのまま妻をやると、些細なことでケンカになりかねません。

役割をしっかり考え、実行していくことが、女性の美しさをより際立たせます。

Lesson

47

自分らしさの追求から「哲学」が生まれる

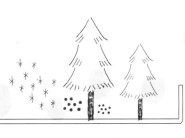

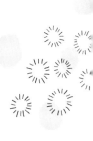

あなたはどんなイメージの女性になりたいですか？

「オードリー・ヘップバーンのように上品で可憐で、華やかな女性！」

「大人っぽくてセクシーな女性に憧れます」

それぞれ自分なりの願望を持っている人は、たくさんいると思います。

女性を表す言葉ってたくさんありますよね。例えば、可愛い、クール、エレガント、ナチュラル、カッコいい、さわやか、知的、セクシー、おちゃめ……。

まだまだたくさんありますが、**自分がなりたいイメージをある程度限定して持つことは大切です。**なぜって、それが自分のブランドイメージにもつながるからです。

そうなると、周りからのあなたの印象もずいぶん変わります。

「こういったことは、あのクールでエレガントな雰囲気の○○さんに相談しよう」など、あなたの専門的な領域も生まれ、より尊敬の念も周囲から持たれやすいでしょう。

また、**それを重ねていくと、あなただけの哲学ができ上がっていくのです。**

好きな有名人がいれば、そこから連想してみると具体的になってきますので、ぜひ心得ておいてほしいと思っています。

どっちが
私らしい
かな？
自分の
イメージを
研究してみよう

自分のなりたいイメージをベースにして、ファッションや持ち物を選択したり、お化粧や美容法を研究したりすると、魅力は段違いに増していきます。

面白いことに〝可愛い〟が似合う人というのは、ちゃんと可愛らしい洋服を着ていたり、選んだりしていることが多いのです。

私のお客さまを見ても、そう思います。

今一度、自分のイメージを振り返ってみることをおススメします。

PART 4

私が人生のお手本にしている素敵な女性たち

ココ・シャネル

Coco Chanel

1883年8月19日～1971年1月10日
[9code 火の九紫]
20世紀を代表するファッションデザイナー。ファッションブランド「シャネル」の創業者。

シャネルといえば、女の子ならば誰でも知っているファッションブランドですよね。でもブランドとしては知っていても、このブランドを創った〝ココ・シャネル〟という女性については知らないという人も多いと思います。

ココ・シャネルは**ファッションを通じて女性の生き方に革命を起こした人**です。そして、女性の社会的地位がまだまだ低かった時代に、女性の自立を強く意識して自らの仕事に徹しました。現代の働く女性は、彼女からとても大切な〝クエスチョン〟をもらっているように思うのです。

ココ・シャネルは１８８３年、フランス南西部の田舎町ソミュールで生まれました。

母親はシャネルが11歳の時に病死。シャネルたち残された5人の子供たちは父親によって孤児院へ、親類のもとへ、養子へとばらばらになりました。シャネルは18歳までを孤児院で過ごしています。

孤児院を出たあとは、お針子、キャバレーの歌手として働き、のちに帽子のアトリエを開き、翌年には帽子専門店を開業。この「帽子」がブランドとしてのシャネルの原点です。

シャネルの華やかなブランドイメージとは裏腹に、若き日のココ・シャネルには今の私たちには想像もできないくらい苦しくつらい少女時代がありました。

そこでの経験・体験がシャネル自身の生き方の根源になっていたこと、「強い女性、シャネル」の燃える炎がいつまでも消えない理由であることは確かでしょう。

「厳しい教育はあたしの性格を形作るのに役立った。傲慢さは、あたしの性格のすべての鍵ともなったかわりに独立心となり、または非社交性ともなった。それは同時に、あたしの力や成功の秘密にもなっていった」（『ココ・シャネルという生き方』山口路子著／KADOKAWA刊より）

Coco Chanel

彼女は〝**恋愛**〟にも〝**仕事**〟にも**妥協《だきょう》をしない「強い女性」です**。それは時として社会からは非難中傷の対象にもなりましたが、2度の世界大戦を経験し、価値観がどんどん変化していく中で、自分の存在価値を見定めて、さらに高めていくシャネルの進歩的な姿は、時代を創る人そのものだったのではないかと思います。

「二十歳の顔は自然がくれたもの。三十歳の顔は、あなたの生活によって刻まれる。五十歳の顔には、あなた自身の価値があらわれる」（前出書より）

時代を創るココ・シャネル。女性を束縛する髪型からの解放！ショートカットを流行らせたのは自らの髪を切ったシャネル34歳の時。香水の代名詞「シャネルの5番」の発売は38歳の時。それまでは喪服の色でしかなかった「黒」をモードな色とした「リトルブラックドレス」の発売が43歳の時、第二次世界大戦の勃発で約3000人の従業員を解雇したのは56歳の時。エレガントなウールスーツ「シャネルスーツ」や、今は当たり前ですが当時としては画期的な「ショルダーバッグ」の発売は72歳の時でした。

こうしたココ・シャネルの足跡を見ていくと、彼女の考え方や価値観がそのまま伝

わってくるから不思議です。〝シャネル〟というブランドが、今世に残るブランドとして今もなお愛され続けているのは、**シャネルが思い描いてきた〝女性の生き方〟が、〝シャネル・スタイル〟として息づいている**からなのでしょうね。

自分スタイルの「幸せな生き方」。私もしていかなければと襟を正さずにはいられません。

カルメン・デロリフィチェ

Carmen Dell'Orefice

1931年6月3日生まれ
[9code 天の六白]
世界最高齢モデルとしてギネスブックに認定されている。
15歳の時、史上最年少で「ヴォーグ」の表紙を飾ってデビュー、以来、70年間モデルを続けている

カルメン・デロリフィチェをご存知でしょうか？　ファッション業界最高齢の現役スーパーモデルであり、80歳を過ぎてもなお、努力して自分を磨き続けている素晴らしい女性です。

モデルというと〝若い女性の仕事〟というイメージがありますが、そうした〝常識〟を見事に打ち破って年齢の枠にとらわれず美しさを目指す、カルメンさんの生き方に、共感を覚えるキャリアウーマンはたくさんいるのではないでしょうか。

カルメンさんの魅力の一つは、**自分に限界を設けない**、線引きをしないというところでしょう。誰でも年齢を積んでいくと「もういいかな」「これ以上やってもね」と

いう気持ちに普通はなってしまいますよね。常に流行の最先端を行くファッション業界の「鑑」として輝き続けなければならない「モデル」という仕事。並大抵の努力で70年もの間、トップの座にいられるはずがありません。

カルメンさんはおそらくどこかの段階で、**「美」への限りない追求を**、自分の人生の〝目標〟とした、あるいは〝挑戦〟していくと決意したのではないでしょうか。

ではこうした強い意志とそれを現実にしていくエネルギーは、どこからくるのでしょうか？

「人は今いるところに満足すると、その瞬間に人生を退屈に感じてしまう。そうなることがないように、意図的に新しいことにチャレンジするようにしています」

「**自分自身の幸せを大切にせず、妥協して生きている人たちは、まるでロボットのよう。**そんなのとても我慢できない。私だったら、自分が情熱を注げるものを見つけてそれに向かっていくでしょうね。今まで、そういう直感を頼りに生きてきたけれど、ほら、今こんなに幸せよ？」

とっても前向きで、年齢を理由にパワーダウンするなんてことはまったく感じられません。むしろどんどんパワーアップしている感じですね。

とはいえカメルンさんに試練がなかったわけではありません。3度の結婚と離婚、子育てのための休業、巨額詐欺事件で全財産を失ったこともあります。でもそんな逆境も跳ね返して今のカメルンさんがあります。

こんなパワフルな何事にも負けないカメルンさんのエネルギーの原点は、いったい何でしょうか？

それはお母さんからの〝愛〟と、それに応えるカメルンさんの〝愛〟です。

カルメンさんが生まれたのは1931年、大恐慌の真っただ中の大変な時代でした。しかもシングルマザーの家庭で育ったカルメンさん。経済的にも決して裕福とは言えない暮らしの中で、お母さんの思いに応えようと、バレエの練習に汗を流していた少女時代。そして14歳の時、ファッション雑誌『VOGUE』のスタッフであるライターと出会ったことが、今日のカルメンさんへとつながっていきます。

もちろんそこにはハングリー精神もあったと思いますが、カメルンさんの心の芯にあるのは〝母の愛〟だったのだと思います。

そして仕事を続けていくうちに感じられる〝幸せ感〟は、彼女に関わってきた人たちへの**感謝の〝愛〟**へとつながっていきます。

「私にとって仕事をするということは、呼吸をすることと一緒。運良く好きな仕事ができているんだもの、すごく幸せなことです。私をこの業界に引き上げてくれたすべての人に感謝しています」

カメルンさんは、**愛を持って懸命に生きることでやがてめぐってくる「運」＝人との出会いを手繰り寄せる**ことができるということ、そしてなによりも、日々自分を成長させてくれることへの感謝を大切にすることの意味を、私たちに伝えてくれています。

（カルメンさんのコメントはすべて https://woman.type.jp/wt/feature/6929 より）

ヴィクトリア・ベッカム

Victoria Caroline Beckham

1974年4月17日生まれ
[9code＝山の八白]
イギリスの歌手、ファッションデザイナー、女優、実業家。夫はサッカー選手のデイヴィッド・ベッカム、3人の息子と1人の娘がいる。1990年代を代表するアイドルグループであるスパイス・ガールズの元メンバー。

妻であり母であり自分のアパレルブランドも生み出した実業家でもあるスーパーウーマン、ヴィクトリア・ベッカム。幅広い世代の女性に人気で、私も大好きです。**彼女から学びたいのは、なんといっても自分の「魅せ方」**。

彼女はクールであり、笑わないことでも有名です。

一般的には「女は愛嬌」「笑顔が一番」なんて言葉もありますが、彼女にはまったく関係ないのです。独自の似合うイメージをずっと貫いています。ちゃんと「ヴィクトリア・スタイル」を持っていて、それがまたカッコよく、世の中の女性たちの憧れの対象になっていく。

そんな「素敵スパイラル」をどうやって創り出しているのか、どうしても気になります。着こなし、お化粧、指先から足元まで、ヴィクトリアのような魅せ方ができれば、これから年齢を重ねるにしても、とても楽しみだと思いませんか?

そしてもう一つは彼女と私たちの「距離感」。なぜか彼女には親近感が持てるんです。

その要素は何かと考えると、「セレブ」という形容詞がつく以前に、もともとは悩み多き普通の少女だったということ。ヴィクトリアの学校生活は自身が「人生の中でも、(学校生活は)つらい経験だった」というほどで、それは学校で「いじめ」を受けていたからなのです。

これって人種やお国の違いなんか関係ない、どこの世界にもある共通の悩みですよね。

ヴィクトリアは**こうした境遇に負けなかった**。負けずに努力したから「スパイス・ガールズ」の一員として大成功して、私生活ではサッカー界のスーパースターだったデイヴィット・ベッカムと出会って結婚、3男1女の可愛い子供たちと幸せを手にした。

私たちと変わらない少女時代を過ごしていたからこそ、今の〝セレブ・ヴィクトリア〟を応援したくなるのではないかと思います。

（「スパイス・ガールズ」というのは、1990年代を代表するアイドルグループ。ヴィクトリアは元メンバーで、愛称はポッシュ・スパイスでした。）

そしてさらなる学びは〝愛〟です。自分のオシャレと家庭、そして仕事を上手に共存させていくには、相当タフな心と体を持っていなければ持続できません。そのために、これはなによりも肝心で大切なことなのですが、〝**パートナーとの絆なしでは成し得ない**〟ということ。

「ファッションショーの間や私が仕事をしている時は、子供たちもニューヨークに滞在するの。デイヴィッドは私がいない間、子供たちを博物館に連れて行く計画やディナーに連れて行くプランをしっかり立ててくれるわ。彼はそういうことをこなせるタイプ。私もだけどね」

Victoria
Caroline
Beckham

「結婚生活では、お互いをサポートする気持ちを伝えることができる。『私（または僕）が、なんとかする』って。そうすれば、お互いに良いパートナーになれるわ」（2017・3「ELLE UK」誌より）

世界が注目するオシドリ夫婦だし、女性として得られる幸せをすべて手に入れたヴィクトリアだからやっかみも多いはず。そのファッションや言動、行動に好意的でない表現をするマスコミもあるけれど、〝**そんなのどうってことない、私は私、気にしないわ**〟といつも堂々としている。

そしてどんな逆境に見舞われたとしても、確固たる自分の意志を持ち、貫ける。常に前向きな生き方を崩さない、そんな生き方。きっと大きな山のようにどっしりとした不動の〝愛〟が彼女にはあるのでしょう。

ヴィクトリアって、やっぱりカッコいいと思うのです。

ワンガリ・マータイ

Wangari Muta Maathai

1940年4月1日〜2011年9月25日
[9code＝天の六白])
グリーンベルト運動創設者。ケニア共和国元環境・天然資源省副大臣。生物学博士。MOTTAINAI(もったいない)キャンペーン提唱者。国連平和大使。旭日大綬章受章者。

「MOTTAINAI（モッタイナイ）」。日本の伝統的美徳〝もったいない〟という心。その言葉を世界共通の言葉として広めていったのがワンガリ・マータイさんです。
また、初めてノーベル賞を受賞したアフリカ出身の女性として、**女性の地位向上を促し続け多くの女性に勇気を与えた存在**として、私の中では強く印象づけられています。

私が感じているマータイさんの魅力、それは……。

・アフリカの大地に5000万本もの木を植林してきたことで人の心をつないできた、とてつもなく大きい〝愛〟。

・何があっても、どんな障害があったとしても、前に進むことだけを考え、実行できるその強靭な精神力。

ワンガリ・マータイさんは1940年、ケニアの中部、ニエリというところで生まれました。農家6人兄弟で、家は決して裕福ではなかったのですが、お兄さんがご両親を説得してくれたおかげで学校に通うことができました。1960年には政府留学生に選ばれ、アメリカ・ピッツバーグ大学へ留学。その後ドイツにも留学し、1971年にナイロビ大学で生物分析学の博士号を取得しました。

さらにマータイさんは、祖国の貧困問題や環境破壊に関心を深め、貧しい女性たちと「グリーンベルト運動」という植林活動を開始したのが1977年のことでした。ノーベル平和賞を受賞するまでのマータイさんの植林活動は、実に30余年にも及びます。このグリーンベルト運動にはこれまでに延べ10万人が参加し、植えた苗木は5100万本に上るといいます。ものすごい執念と情熱ですね。

一方でマータイさんは、自国の政権批判をしたため、数回にわたって逮捕と投獄をされ、夫からは「手に負えない」と離婚されています。マータイさん自身の人生は、平和な国日本で暮らしている私たちからすれば、あのにこやかで可愛らしい笑顔からは想像もできないほど、実は壮絶な人生だったのです。これはあとで知ったことなのですが、その時、私の心の芯がピクリと動いたことを覚えています。

マータイさんはどうしてあんなに屈託のない優しい笑顔でいられるのだろう。

マータイさんにはどうしてあんなにたくさんの人たちが集まってくるのだろう。

マータイさんには見えていたのかもしれない、未来のアフリカの姿が。だからたくさんの人たちを導くことができた。

長い植民地時代を背負ってきたアフリカの国々。今も内紛が絶えない国もあり、西洋諸国との貧富の差は拡大するばかりです。そんな中で地球の第二の肺とまで言われているアフリカの森林地帯の再生を、生涯のライフワークとしたマータイさんにはわかっていたのです、今何をすればいいのかが。

だからマータイさんは力強く、真摯《しんし》で前向きな生き方ができた。堅苦しい言葉を使えば「正義」と表現すればいいでしょうか。そんなマータイさんの**純粋な気持ちの表れが人々を惹きつける〝笑顔〟になり、それが人々の〝共鳴〟につながっていった**のでしょう。

「**女性も男性も力を合わせて**この裸の大地に服をまとわせる活動が続く中、**この青い惑星を心から愛する仲間は、世界中にたくさんいる。**私たちには、ほかに行く場所はない。環境破壊とそれに伴う被害を目の当たりにすると、現状に甘んじているわけにはいかない。のんびりしている場合ではない。もし私たちが本当に重荷を背負うつもりなら、行動に移そう。疲れたと嘆いたり、あきらめたりすることはできない。私たちは、現在と未来のあらゆる種に対して義務がある」（『へこたれない――ワンガリ・マータイ自伝』小学館刊より）

津田梅子

Umeko Tsuda

1864年12月31日〜1929年8月16日
[9code＝水の一白]
岩倉遣外使節団の一員として7歳の時に渡米。ワシントンに11年間滞在。帰国後、華族女学校の教師となる。1889年再渡米。ブリンマー大学、イギリス・オックスフォード大学に学び、帰国。36歳の時女子英学塾（津田塾大学の前身）を開く。女子教育に情熱を傾け、数々の縁談を断り生涯独身を通した。

津田梅子は津田塾大学の創立者として有名ですね。幕末から明治へ、新しい社会の仕組みができようとする中で、当時の日本の女性教育に疑問を持ち、**「身分にとらわれない女子教育」**を実現した人です。

今でこそ「働く女性」は当たり前の社会ですが、「良妻賢母」を良しとする時代に、梅子は悩みながらも**「女性の自立」**という目標を掲げ、ついには私塾を設立して女性教育を実践しました。**その行動力に、女性としての強さと誇りを感じます**。そして、一度目指したからには少しもブレないまっすぐな生き方は、私にとっては尊敬と憧れであり、人生の師範そのものです。

7歳でアメリカに渡り、11年間の留学生活を終えて帰国した時、梅子は18歳になっていました。精神的に多感な時期のほとんどを留学先のアメリカで過ごした梅子は、帰国した直後は日本語を話すことができず、正座もできず、玄関で靴を脱ぐこともできなかったほど、アメリカナイズされた帰国子女でした。そして、少女時代に接してきたアメリカでの個人および個性尊重の気風は、そのまま梅子の人生の歩みとなっていくのです。

帰国後、英語教師としての日々を過ごすうちに芽生えてきた「念《おも》い」。当時、官立の華族女学校の教育方針は、国家の方針による教育であり、それは梅子が夢見ていた「自由な女性」を目指す教育とはほど遠いものでした。

女性のための「私学」の創設への「念い」は、梅子にとってはいつの頃からか「使命」へと変わっていったのでした。

梅子が立志して再度アメリカ留学したのは24歳の時、1889年（明治22年）7月のことでした。

再度の留学を前に梅子は、11年間アメリカでホームステイをし、実の娘同様に愛されたチャールズ・ランマン夫人であるアデリン宛に手紙をしたためています。

「私が日本に帰りたくなるのではないかという心配は無用です。……私は遊びに行くつもりは毛頭ありませんし、日本で教育者の道を歩むために勉強しに行くのです。伸びてくる子供たちを育てるのが私の天命です。……」（『津田梅子』大庭みな子著／朝日新聞刊より）

1892年、日本に帰国した梅子は再び華族女学校で教師として働きます。身分を問わず自宅に生徒を預かって寄宿させるなど、**公私の隔たりも、私利私欲もない、平等な目で人を育む貢献的な生き方**は、梅子の魅力の一つです。

その後開校した「女子英学塾（津田塾大学の前身）」では、経営が厳しいしばらくの間、梅子は無報酬でした。ところが梅子以外の教職員も、専門学校の認可を受ける1904年までの最初の数年間は、ほとんど無報酬に近いかたちで梅子を支えていたといいます。

それほどまでに梅子の強い「念い」に引き寄せられた人たちは、**分け隔てなく人と**

つき合うことができる梅子の人柄と合わせて、梅子が切り開こうとしていた未来に魅せられた人たちなのですね。
そんな魅力ある女性に、人を引き寄せていく女性に、未来を創る女性に、私はなりたいと思っています。

佳川奈未

Nami Yoshikawa

シングルマザーで子供を育てながら、作家になるという夢を叶えた女性です。女性が女性らしく夢を叶えるために必要なことを、現実的な視点で楽しく伝えている姿にほれ込みました。ご自身も次々と素敵な夢を叶えている姿がとてもカッコいいのです。

黒柳徹子

Tetsuko Kuroyanagi

アジア初のユニセフ親善大使として世界中で活躍しています。個性的で独自の世界

観を持って輝いている代表的な女性と言えるかもしれません。
いくつになっても可愛いらしいスタイルで愛されていますよね。なによりもあの髪型、ほかに似合う人はいないでしょう（笑）。そんな独自性を貫く姿勢も、女性の強さの表れですから、とても尊敬しています。

サラ・ジェシカパーカー

Sarah Jessica Parker

米ドラマ「Sex and the City」で有名になった米女優です。

仕事での華やかさはもちろん、プライベートでも結婚、子育てを楽しんでいる姿に、女性としての魅力を感じます。自身のブランドもプロデュースしている現代女性の憧れです。バランスがとても素晴らしいのです。

マーガレット・サッチャー

Margaret Thatcher

「鉄の女」と呼ばれたイギリスの元首相です。

裕福ではない家庭で育ちましたが、たゆまぬ努力があって、男性優位の時代にイギリス初の首相にまで登りつめた女性です。愛する夫と子供を大事にしながらも、自分の夢を叶えていったのです。とても尊敬しています。ファッションも素敵で香水にこだわる心も、女性らしさをうまく楽しんでいる印象を受けます。

与謝野晶子 Akiko Yosano

母としても芸術家としても、スケールの大きな女性です。

作品は主に、恋愛や女性の自立に関するものと、戦争や政治に関するものに分かれています。「女性は、男性や国に依存しちゃいけない！」と、女性としての強さを主張していた姿に、とても惹かれるものがあります。女性の自立を呼びかけた、とても偉大な女性です。

おわりに

これからは自分の経験からできた「哲学」を大事に生きていく女性の時代

思い返せば、私自身が最初に「美容法」を試したのは小学校4年生頃のことです。歌手の安室奈美恵さんの全盛期で、彼女を真似した「アムラー」が街にあふれていました。眉毛を細くきれいに整えるのが流行《はや》りで、私も母におねだりして、「マイ眉毛描き」（アイブローペンシル）を買ってもらったことを覚えています。

そのころから、私の「美意識」は芽生えていきました。テレビや本で紹介されている美容法を手当たり次第に試しました。そんなこんなで、小学生のときから数えると、試した美容法は200種類以上になるかもしれません。

ただ、こうした体験から言えることは、**「絶対キレイになれる！」美容法などない**ということです。自分に合った方法、合わない方法というのは必ずありますから、合う方法を選んでやってみて、それが心地よく感じるのであれば続ければいいでしょう。

そしてもうひとつ忘れてならないことは、「内面」を磨くことです。

「女性はもっともっと幸せになれる！」と、私は毎日そう思っています。

現代の多くの女性は頑張りすぎて、どこか余裕がなくなってしまっているのではないでしょうか。まるで、幸せになることを自ら拒んでいるかのようにさえ見えます。

努力をやめて、肩の力を抜けば、もっと自分らしさが際立つのではないでしょうか。生まれ持った女性の柔らかさ、美しさ、自分らしさを大切にしてほしいのです。

自分の心が何を「本当の幸せ」と感じるか、ほかの誰にもわかりません。それは、あなた自身が追求し続けるしかないのです。しかも、その「本当の幸せ」だって、日々変化していきますから、**生涯追求し続けていくもの**だと思うのです。

ですから、自分のハートをいつも観察して、たくさん喜ばせてあげてください。うれしい、楽しいと感じることに、たくさん時間を使ってください。自分の心の声に耳を傾けてあげられず、心に嘘をついて生きることが一番悲しいことだと思います。

小さな出来事に感動できる人。目の前にある幸せに気づける人。そんな人は、どこにいても、誰といても、何があっても「幸せ」だと私は思います。

これからの時代は、「自分の経験に基づく『哲学』を大事にして、オリジナルな人生を歩む女性」が輝く未来を創っていくのだと思います。

まだ眠っている自分の可能性、自分だけの魅力をもっと引き出して、遠慮なく未来の夢をいっぱい描いてください。すべての人がより豊かで幸せいっぱいの人生になることを心から願っています。

最後になりましたが、私の人生に素晴らしい気づきを与えてくださった信和義塾大學校の創設者・中野博先生に心から感謝の言葉を述べたいと思います。先生には、本書の監修もしていただきました。また、出版にあたりご尽力いただいた現代書林の松島一樹さん、編集してくださった石田弘見さんにも、心からお礼申し上げます。

そして、この本を手にとってくださったあなたとの出会いに感謝します。

監修の言葉

ソクラテスの美学論を継承した松崎麻子さんの思考力

信和義塾大學校・創設者　中野　博

デルポイのアポロン神殿の入り口に掲げられた「汝自《なんじ》らを知れ」という格言の中に、タレスによる最初の哲学の思考が刻み込まれていた。150年の時を経て、アテナイのソクラテスへと流れ込み、ソクラテスの「無知の知」の思想となり、プラトン、アリストテレスへと続き、古代ギリシア最高の哲学として結実した。タレスから、ソクラテスへと至るまで、知を愛し求め、自らの思考を常に吟味し続けるという哲学探究の姿勢は、一貫して受け継がれてきた。

ソクラテスの「無知の知」とは、真なる知である善美なるものについて、「自分がそれを強く求めながらも、その知にいまだ到達していないということを自覚する知であり、すなわち真なる知である善美なるものについての自らの無知を自覚する知」ということになる。

例えば、「美とは何か」と問うソクラテスに、プラトンは「美しい乙女」と答えた。では、「美しい乙女とは何か?」と問うソクラテスに、プラトンは「美しい瞳、美しい鼻立ち、美しい口もとを持つ乙女」と答えた。ソクラテスはさらにこう質問した。

「では、心が醜い乙女でも、美しい乙女と言えるか？」

ソクラテスが求めていたのは、「美そのもの」は見る人、時間、場所、他との比較などによっても変わることのない、永遠で絶対的な「美」であり、プラトンは「美のイデア」と呼んだ。

西洋哲学史においては、ソクラテスからカントまで、およそ2000年にわたり、〈真・善・美〉が哲学の主題だったと言える。

〈真・善・美〉とは何か？　簡単に解説しよう。

まず〝真〟とは、この世界を支配する法則である。

次に〝善〟とは、人間が行うべき正しい行動を指す。

最後に〝美〟とは、人間が何をもって対象を「美しい」と判断するかである。〈真・善・美〉を理解するカギは、それぞれの対象物を認識者がどの認識能力で把握するか、という点にある。つまり、それは「心の領域にある」ことをソクラテスは教えていた。

まさに、本書の著者である松崎麻子さんは、信和義塾大學校で学び、自らの思考力で「美のイデア」を追求し続けている「美哲学者」と言える。

AI時代には、哲学と美のイデアが重要と考えるため、本書を、一人でも多くの女性に読んでいただきたい。

「女《おんな》の子《こ》」は、努《ど》力《りょく》しないほうがうまくいく。

2018年 1月1日 初版第1刷
2018年 1月5日 第2刷

著 者――松崎《まつざき》麻子《あさこ》
監修者――中野《なかの》 博《ひろし》
発行者――坂本桂一
発行所――現代書林
〒162-0053 東京都新宿区原町3-61 桂ビル
TEL／代表 03(3205)8384
振替00140-7-42905
http://www.gendaishorin.co.jp/

ブックデザイン＋DTP――吉崎広明（ベルソグラフィック）
本文イラスト――にしだきょうこ（ベルソグラフィック）
カバー写真――郡司大地

印刷・製本 広研印刷㈱
乱丁・落丁本はお取り替えいたします。
定価はカバーに表示してあります。

ISBN978-4-7745-1678-3 C0030